Balada
– a –
MIS PADRES

Balada
– a –
MIS PADRES

MAGDALENA S. BLESA

Umbriel Editores

Argentina • Chile • Colombia • España
Estados Unidos • México • Perú • Uruguay

1.ª edición Marzo 2019

Copyright © 2019 by Magdalena Sánchez Blesa
    All Rights Reserved
© 2019 *by* Ediciones Urano, S.A.U.
    Plaza de los Reyes Magos, 8, piso 1.º C y D – 28007 Madrid
    www.umbrieleditores.com

ISBN: 978-84-16517-15-2
E-ISBN: 978-84-17545-54-3
Depósito legal: B-4.395-2019

Fotocomposición: Ediciones Urano, S.A.U.

Impreso por LIBERDÚPLEX, S.L.
Ctra. BV 2249 Km 7,4 – Polígono Industrial Torrentfondo
08791 Sant Llorenç d'Hortons (Barcelona)

Impreso en España – *Printed in Spain*

A mis padres, Beatriz y Manuel, que cuantos más años cumplo, más falta me hacen.

Y a los padres de cada uno de los seres humanos de este mundo. De cualquier condición sexual, de cualquier estado civil, de cualquier modo que hayan entendido la paternidad o la maternidad, fuera o dentro de todo trámite burocrático. En definitiva, a todas las personas que decidan hacerse cargo de un menor, educarlo, amarlo, respetarlo e intentar mostrarle el atajo más corto hacia la felicidad.

A todas las personas del mundo, porque, si algo tenemos en común, es que todos somos hijos de alguien.

Mi padre era fontanero y electricista. Manuel Sánchez Miravete, se llamaba. Murió inesperadamente de un infarto de miocardio en 1978, en Puerto Lumbreras, donde nacimos mis cinco hermanos varones y yo. El tenía cuarenta años cuando se fue para siempre y yo tenía ocho. No sabía demasiado de la muerte, solo que era algo grave porque todos lloraban demasiado. Buscaba en las estancias de mi casa cada día, con la esperanza de encontrarlo en alguna. Abría despacio las puertas, apretaba la cara para cerrar los ojos con más fuerza y que la sorpresa fuese más inesperada al abrirlos y encontrármelo en su sillón, con sus pantalones marrones y su polo blanco, sonriéndome. Me habían hablado de la resurrección y yo me pasé al menos un año entero esperándolo cada día. Una noche de verano, una amiga mayor que yo, Lucía, me dijo que dejase de esperarlo. Su madre tampoco volvió nunca y hacía muchos más años que había muerto, el día que ella nació, concretamente. «Los muertos no vuelven más», me explicó. Bajé la cabecita y se me cayeron dos lágrimas que abrieron cada una de ellas un cráter en la arena de la plaza Don Juan Carrillo. Cada nuevo curso y durante algunos años más después de su ausencia, tuve que enfrentarme al pánico de tener que decir en clase, en voz alta, cuando nos rellenaban la ficha, que yo no tenía padre, que había fallecido.

En ese momento, quería haber corrido, salir del aula y no volver más, para que no me preguntaran por él. Pero me levantaba de mi silla cuando me tocaba decir mis datos, me iba a la mesa de mis maestros y les decía al oído que mi padre había muerto. Sin que nadie más lo oyera. Los profesores me dieron más de un abrazo apretado, que yo no entendía entonces, pero que ahora sigo sintiendo en lo más profundo. Los enternecía tanto ver a una chiquilla pasando por ese trance que solo les salía abrazarme y quitarme el flequillo de la frente para verme bien los ojos por si estaba llorando. Y siempre estaba llorando, pero miraba hacia la pizarra para que los demás niños no vieran mis lágrimas. Cuarenta años más tarde, sigo viéndolo llegar con su Renault 4 amarillo, en cualquier sitio, de pronto. Y sigo volviendo la cabeza para que nadie vea mis ojos escarchados. Aún corro a la puerta en sueños, me abrazo a su cuello y él me dice que me va a preparar una merienda nueva que no he probado nunca.

Mi madre… ¿¡qué contaros de mi madre y de mi abuela?!, ellas consolaron mis noches y mi vida hasta que también se fueron un día para no volver.

Es tanto el dolor cuando ya no tienes padre ni madre, ni abuelos, que hay días que crees que la vida es mentira, que todo es un espejismo.

El amor por mis padres me ha conducido a escribir este libro, que es una balada al infinito. Una forma de deciros, a los que aún los tenéis vivos, que no perdáis ni una sola ocasión de estar con ellos ni de darles todos los abrazos que yo me estoy perdiendo.

Balada a mis padres es otro poemario de amor.

Una vez, se me acercó una señora a una firma de libros y me dijo al oído que le dedicara mis versos a su hijo. «Nos trata muy mal desde siempre, a su padre y a mí», me dijo, «pero ahora hasta ha empezado a levantarnos la mano». Cuando escuché eso, cerré los ojos un momento. Me hubiese encantado irme a casa con ella para hablar con el chaval. Me hubiese encantado esperarlo en la puerta de casa y decirle, mirándolo a los ojos: «¿Qué estás haciendo con tu vida?». Me hubiese encantado sentarme con él y recitarle mi poema *Balada a mis padres*, *Las manos de mi padre* o *La madre*, pero abrí los ojos y le puse en la dedicatoria algo así como: «Si yo tuviera padres, les daría la mano y me iría con ellos al mercado para hablar del precio de las verduras, nos tomaríamos juntos un aperitivo y les contaría que me siento orgullosa de ellos, tal cual son. Volveríamos a casa riendo, agradeciendo otro día más juntos y, al caer la noche, les diría que se esperasen un momento. "¿Dónde vas?", me preguntarían. "Tardo poco, voy a alcanzaros la luna"».

Los padres, ay, los padres… que necesitan todos los abrazos y siempre se nos olvida alguno.

Escribí mi primer poema en El horno de las Canas, en Puerto Lumbreras, mi pueblo natal, cuando tenía ocho años, impactada y herida por la muerte repentina de mi padre. Escribir me ayudó a drenar mi pena a través de la tinta de mi bolígrafo. Nunca dejé de hacerlo, quería ser cada una de las personas que sufren de algún modo, la humilde voz de quienes no tienen forma de comunicar su historia a los demás.

Mis poemas son cuentos que, a veces, incluso riman.

Quiero defender a los más indefensos, quiero ayudar en lo poco que quepa, a través de mis versos, a dejar un mundo más hermoso. He dicho, y diré hasta cansarme, que solo soy poeta de aceras y de patios, poeta de caminos de tierra y de veredas llenas de matorrales. Quiero ser poeta de aquella mujer bajita que se acercó a la ventanilla de mi coche a decirme, llorando, que su hijo se estaba muriendo y no sabía si lo iba a poder soportar. Quiero ser poeta de quien va a un supermercado y no lleva suficiente dinero como para permitirse el capricho de comprar lo que quiera. Poeta de los que tienen un desliz, de los que cometen un error, de los que no encuentran el modo de dirigir sus pasos, de los que caen y ya no tienen más fuerza para seguir. Quiero ser poeta de la gente triste, no olvidar a nadie que tenga una pena. Quisiera andar con tus pies descalzos, y con los pies de quien calza los zapatos más caros del mundo, para entenderlo también. Quisiera ser poeta de cada uno de los niños que son vejados, traerlos a mi casa y contarles el cuento más bonito que hayan oído nunca, arroparlos y darles un beso de buenas noches, y decirles al oído, cuando duerman, que les prohíbo terminantemente sufrir. Quiero ser poeta de las mujeres que nunca sintieron el abrazo de la libertad. El mundo es vuestro, amigas, que nadie os controle el teléfono móvil, que nadie os levante una mano, que nadie os considere suyas, porque sois vuestras únicamente y tenéis derecho a enamoraros y a desenamoraros de quien queráis. Quiero ser poeta de los ancianos que vuelven a su infancia de nuevo. Y de los presos, porque, cuando voy a la cárcel, algunos me dicen que, al oírme, sienten que no están entre rejas y que se están aprendiendo mis poemas en su celda para salir de ahí siendo mejores personas. Es entonces cuando siento que soy poeta verdaderamente, porque me hacéis poeta vosotros. Siento que soy poeta cuando un chaval joven me cuenta un día que en su casa no lo dejan salir del armario, que no lo aceptan. Ahí es cuando me vuelvo poeta y escribo ese poema que le da fuerza para ponerse delante de su familia y hacerle entender que nunca tuvo sentido ir en contra de la tendencia sexual de una persona. O, ¿pero en qué mundo vivimos? Quiero ser poeta de los que beben para olvidar, de los que lloran, de los que tiemblan de frío y de los que no encuentran al amor de su vida.

Ojalá sepa cantaros a todos, a todas, ojalá pueda hacer un poquito más fácil vuestra vida. Solo soy una poeta de aceras, de patios, y únicamente en esos sitios podréis encontrarme, porque soy un poquito cada uno de vosotros cuando cojo un bolígrafo y un papel.

Qué de verdad que fuiste...

¡Qué de verdad que fuiste, madre mía!
Nunca te vi un amago de ser otra.
Ni una mirada a cámara distinta
de esa mirada tuya tan sincera.
Ahora que una ciudad es una pasarela
y la vida un verdadero disparate,
ahora que vivimos encerrados
en un escaparate,
quiero felicitarte, madre mía,
por haber sido tú, con tus andares,
por haber sido tú, con tus maneras.
Nunca te vi intentar guionar tu vida,
interpretar a nadie que no fueras
ni aprenderte un papel interesante
porque no te gustase tu persona.
Ahora que cualquiera se abandona
y va buscando ser otra criatura,
ahora que el poder y la estatura
tienen mucha más venta que el ejemplo,
ahora que es mentira casi todo
lo que en el mundo pasa,
te felicito allá donde te encuentres,
pues fuiste una verdad como una casa.

Fuiste la sencillez en carne y hueso,
nada se te antojaba complicado.
Tú no necesitabas brillantina,
adornar a una estrella es un pecado.
¡Qué de verdad que fuiste, madre mía!
En un mundo de poses y posturas,
donde tanto se huye de uno mismo
para clonarse en un desconocido,
tú conseguiste ser, querida madre,
esa mujer que yo hubiera querido.

Mi madre y mi padre

La leche deliciosa de mi madre,
el modo en que me mira cuando bebo.
La paz que me regala con sus ojos,
mirándome a mis ojos con su pecho.
El tiempo que me tiene entre sus brazos,
peinando mi cabeza con sus dedos.
Su vida, que dibuja mi camino
por páramos hermosos en sus sueños.
Mi madre, que se olvida de sus cosas
y vive en la constancia de las mías,
que me dibuja el sol en la ventana
si no amanece un día.
La leche deliciosa de mi madre,
las horas que se quita de su tiempo
para jugar conmigo a ser pequeña
por si una tarde, sin permiso, crezco…

Mi padre, que se acerca a mi cunita,
la mece apenas si me ve durmiendo,
con la intención de verme abrir los ojos
por si lanzo mis brazos a su cuello…

Mi madre, que le dice: —¡No lo toques!
¡Deja que duerma! —Porque está cansada
de darme de mamar a cada instante.
Y mi padre me mira en mi cunita
y en ganas de tomarme se deshace.
Pone un beso caliente en mi mejilla,
con toda la intención de que despierte,
aprovechando, como un niño malo,
que mi madre duerme.
Yo comienzo a llorar y él, apurado
por si ella se desvela,
me coge de la cuna y me entretiene
mientras me cuenta:
—Qué hermosa que es tu madre,
nunca le faltes, mira mucho por ella
que ella es muy grande.
Mira cómo descansa de darte pecho.
Tu madre se merece todo lo bueno.
Ya se calma tu llanto, querido hijo.
—Papa, sigue cantando hasta el infinito.
Cuéntame de mi madre su vida entera,
es la única manera de que me duerma.
—A la nana nanita, nanita ea.
Nunca le faltes hijo, mira por ella.

Conversación antes de nacer

Hijo:
Y mientras yo no sé ni que me esperas,
vas preparando, dulce, mi existencia.
Imaginas mi cara, mis andares,
el color de mi pelo,
si tendré o no la cara con lunares,
y te llenas de pronto de impaciencia.
Y mientras yo no sé ni que me esperas,
ya te hacen daño mis dificultades,
ya tienes miedo de mis tropezones,
ya tienes fuerza para levantarme.
Ya te emocionas con mis emociones,
te decepcionas con mis decepciones,
ya te inquieta pensar que vuelva tarde.
Y mientras yo no sé ni que me esperas,
ni que soy el futuro que soñabas,
tú te sientas en un andén, serena,
depurando la sangre de tus venas
para que a mí me sirva de alimento.

Madre:
Y mientras tú no sabes que te espero,
yo caliento la sabia de mi pecho,

que a ti te corresponde por derecho
y a mí, si te demoras, se me enfría.
Y de pronto, mi risa con tu llanto
entonan las más dulce melodía.
Y mis pechos en busca de tu boca,
y tu boca, hambrienta de poesía,
agarra mi pezón y bebe versos
hasta saciar el hambre que tenía.

Hijo:
Y me duermo tocándote el ombligo
como quien toca el arpa al mar sereno,
degustando la espuma de las olas
que emanan de la fuente de tu seno.

Madre:
Y te daré a beber mientras me quede
una gota de océano en mis cabales,
sentada en una cúspide del mundo,
que quiero que me vean amamantarte.
A la nana nanita, nanita ea,
duérmete en el imperio de mi halda
que te haré emperador de un mundo bueno
en la extensión onírica de mi alma.

Hijo:
A la nanita nana, mamá, duerme,
que seré tu inherente centinela
y velaré la leche de tu pecho
por si se te derrama mientras sueñas.

AVIONES DE PAPEL

Ayer me hicieron una prueba de esas que no te dejan acercarte a niños ni a embarazadas a menos de dos metros en unas doce horas. Gammagrafía, se llama. Llegué a casa y mis pequeños quisieron tirarse a darme un abrazo. Yo los frené desde lejos: «¡¡¡Nooooo!!!, hasta mañana no puedo abrazaros». Los mayores lo entendieron. La pequeña, a sus seis añitos, se resistía. «Pues no aguanto», me dijo. Esos cuatro metros de distancia (yo puse dos más por si los médicos no hubiesen calculado bien) me estaban doliendo lo mismo que un exilio. «No aguanto», y extendió sus bracitos. Es entonces cuando una persona se convierte en madre. «Hija, hazme un avión de papel y lánzamelo con un mensaje. Yo te respondo». Una sonrisa iluminó su mundo. Tengo ahora cerca de dieciocho avioncitos que me hablan de ese abrazo que me va a dar esta mañana cuando se despierte. La estoy esperando al pie de su cama para decirle que nunca me volveré a ir tan lejos…

UNA HISTORIA DENTRO DEL COCHE

Hoy he dejado a mis hijos en el instituto como cada mañana. Mis dos mayores, Jesús y Julia. Los he mirado andar de espaldas y me ha encantado su manera de irse, despacito, hablando entre ellos, con el peso de sus mochilas en la espalda, sonriéndose en su conversación. Nobles, cariñosos... Superando con su madre un cáncer de mama, pero todos ya más fuertes. Todos ya recuperando el pelo y la vida de nuevo. Porque en casa se nos cayó el pelo a todos. Todos tuvimos náuseas y a todos nos han quedado secuelas. ¡Qué mayores se me han hecho! He seguido mirándolos y se iban haciendo pequeñitos en la distancia. «Parece que hemos tenido suerte, hijos», pensaba dentro del coche. Y he seguido disfrutando de sus andares desde lejos. Me sabe a poco contemplar a mis hijos después de tanta incertidumbre... De pronto he vuelto a la realidad porque he oído el claxon de dos coches a los que estaba entorpeciendo en la calle. Me he apurado mucho, estaban detenidos por mí mientras yo recordaba un año duro. He llegado después a un semáforo en rojo y el conductor miraba a su izquierda sin darse cuenta de que ya llevaba unos segundos en verde. Le iba a pitar, pero he pensado de pronto: «¿Qué historia irá dentro de ese coche...?».

MIEDO A LOS HIJOS

Se me acercó una señora, en una de mis firmas de libros, y me dijo llorando que tiene miedo de sus hijos. «No sé de qué manera hablarles para no cansarlos», me dijo casi al oído, con dos lagrimas que resbalaban desde sus ojos hasta mi mesa, y me dio las gracias por ese poema mío en defensa de las madres. De una manera u otra, me han contado al oído muchas personas que, al oír mi poema *La madre*, se sienten identificadas. Otra me dijo que su hijo de diecinueve años una vez llegó a las manos con ella. Es un problema más frecuente de lo que pensamos. Tener miedo a tus propios hijos, porque todo les molesta cuando les hablas, es algo que se normaliza y no se suele hablar con nadie. Perdonad que hoy quiera escribir sobre ello. Es una promesa que hice a esa señora. Si supieran algunos de esos hijos lo delicado que es el corazón de un padre y de una madre… ¡Ay! Si supieran los hijos que un abrazo inesperado y un «te quiero» a cualquier hora es capaz de vencer la depresión y el dolor de sus progenitores… Si los hijos supieran el bien que harían en la tierra si se levantaran de la cama y abrazaran a sus madres y a sus padres para calmarles tantos malestares… Si supieran que sentarse delante de ellos y preguntarles por sus ilusiones, por sus sueños, por sus recuerdos, por sus inquietudes y sus hobbies, les daría a sus padres más días de vida y más fuerza para continuar…

pero se nos olvidan tantas cosas en la costumbre de vivir. Y entonces exigimos, gritamos, obligamos, forzamos... Creemos que nos merecemos más aún. Dame, tráeme, cómprame, cállate, déjame, ufff, anda ya... esas son las palabras más hermosas que tenemos para los que un día nos regalaron la belleza de amanecer, de respirar, de vivir... porque no quisieron que nos lo perdiéramos. A eso se le llama altruismo, amor, generosidad. Pero nosotros queremos aún más y entonces les metemos miedo. «No me canses, no me preguntes ni me mires. No me hables» Y ellos, calladitos, van acostumbrándose a que pasen los días sin ese beso que tanto desean, por el que darían los dos ojos. Por Dios, ¿en qué mundo vivimos? Y nos quejamos de las guerras y de las salvajadas que se dicen en los telediarios, y lo comentamos en el bar, en el instituto, en el parque... justo después, quizá, de haberle dado un grito a quien más nos ama. A mí me parece igual de grave que una guerra. De hecho, por ahí empiezan las catástrofes personales que van generando las mundiales.

Por cierto, ahora que caigo, no todos somos padres, pero sí todos somos HIJOS, vamos a mirarnos un poquito eso. Empecemos a sacar los besos de donde andan enmoheciéndose.

Balada a mis padres

Yo he visto a tu madre
ponerse la mano derecha en el pecho,
suspirar profundo mirando hacia el cielo
buscando que Dios se la lleve,
doliéndole el alma de ver a su hijo
manchado de vino, cayéndose al suelo.

Yo he visto a tu padre
mirando la hora de un reloj pequeño,
forzando la vista hasta donde acaba
la calle a lo lejos, haciéndose sombra
con la mano encima de sus ojos viejos,
para ver si llegas, porque ya es de día.

Que yo no me entere. No tienes derecho.
Si yo vuelvo a verte, si vuelves a hacerlo,
si tú le levantas la mano a tu madre…
Tu madre es sagrada, te llevó en su vientre.
Yo era muy pequeña, pero la recuerdo,
con esa barriga tan gorda,
gritando una noche: —¡Que viene, que viene!
Fuiste la alegría más grande del mundo
y ahora eres la pena más honda que tienen.
Se quitaron el pan de su boca.

Tu padre, ay, tu padre. Del barrio,
no habría otro padre más fuerte.
Te llevaba a hombros por toda la calle
bailando, cantando…
—¡A ver si lo tiras! —le decía la gente.
Ya tenía él cuidado, tu padre es sagrado.
Que yo no me entere. Ochenta y algunos,
me dijo una tarde, charlando, que tiene.

Esta misma noche, con mucho cuidado
de no despertarlos, sales de su casa,
cierras despacito y coges la calle
más larga que encuentres.
Estate tranquilo, muchacho, descuida.
Yo, sin ir más lejos,
te escribo la carta de tu despedida:

Queridísimos padres,
os pagué con un grito
las caricias más dulces
y el cuento más bonito…
Cien mil noches en vela
a los pies de la cuna
serrando a vuestro hijo
la punta de la luna.

Cada una de las gotas
que sudó trabajando
vuestra preciosa frente,
las malgasté gritando.
Queridísimos padres,
me voy de vuestro lado.
Volveré cuando encuentre
la paz que os he robado.

Me afilié a tu partido,
yo que era de los otros.
Me aficioné a la esgrima,
que a mí qué más me daba.
Hasta creí en tu Dios.
¿Y todavía preguntas
que hasta dónde te quise?

La casa de mis padres

Cuando vuelvo a la casa de mis padres
donde fui tan feliz como pequeña,
un azulejo roto en dos mitades
me recuerda
el desafortunado pelotazo
que mi hermano mayor,
sin darse cuenta,
lanzó
al sustituir la cocina
por un campo de fútbol de primera.

Allí fuimos felices hasta el punto
de querer regresar a su cochera,
y cabalgar sobre esa tubería
que llega a los confines de la Tierra.

La casa de mis padres era un barco.
La casa de mis padres fue una escuela.
La casa de mis padres fue la noria
más alta de la feria.
Fue un castillo, fue un mar en el Caribe,
un campo de batalla, una trinchera,
un desierto gigante.

La casa de mis padres, tan pequeña,
fue un cráter de la luna, fue Marte,
fue Saturno, fue todos los planetas.

La casa de mis padres está ahora
de cicatrices llena.
Fue asaltada por una tribu himba
en medio de la selva.

La casa de mis padres fue un buen día
un circo lleno de panteras negras,
fue la casa del bosque donde el lobo
mató a Caperucita y a su abuela.

Cuando llego a la casa de mis padres,
me acuerdo de Pinocho y Cenicienta,
de Peter Pan y de Garfio, que hizo polvo
el pomo de la puerta.

Cuando llego a la casa de mis padres,
y miro sus paredes heridas, magulladas,
llenas de cardenales, un poco amarillentas,
se me vienen los cuentos más hermosos
del mundo a la cabeza.

Tu muerte

No hubo manera de espantar tu muerte.
Era una muerte demasiado seria.
Y mira que le dije muchas veces
que íbamos a vencerla.
Era una muerte demasiado baja,
demasiado suya, demasiado negra.
Era una muerte demasiado tuya,
era una muerte demasiado nuestra…

Dos cosas
siempre me han
parecido
demasiado.

Adoquines de plata

Adoquines de plata de la ociosa placeta
que pintaba con tiza, siendo escasa mi edad.
¿Cuándo fue que una lluvia os borró mi rayuela?,
adoquines de plata de mi pueblo natal…
Luz flamante de luna que adornabas mis juegos,
¿cómo fue que una tarde desaprendí a jugar?
Noches negras y errantes que estrenabais mi miedo,
¿qué será de las brujas que me hicieron llorar?
Ya no espero que un cuento como a un ángel me duerma
ni pongo mis zapatos de niña en el balcón.
¿Cómo fue que los reyes de Oriente se enteraron
Que inesperadamente, ayer, me hice mayor?

Paraíso

Si te encuentro en el cielo, vida mía,
quiero que seas de carne como ahora.
¿De qué me sirve verte y no tocarte?
¿Para qué quiero un alma voladora?

Yo quiero que el edén tenga rincones
donde poder estar contigo a solas.
Que tenga el paraíso condiciones
donde pecar contigo a todas horas.

Si te encuentro en el cielo cualquier día
y no voy a poder más que mirarte,
de la manzana del árbol prohibido
voy a tener que darte.

Hizo trampa
y ganó, por
supuesto, sus dos
ojos negros, los
dos, contra mí.

Un lunes por la tarde

De las tardes del pan con chocolate,
de la reja marrón de la ventana,
de la escalera larga,
del azulejo roto en la cocina.
Del calendario eterno de la entrada,
del amarillo gris de la despensa,
del balón desinflado,
de la primera vuelta en bicicleta,
de la mesa de mármol manchada de limón.
De la hija ciega de la panadera,
del hombre gordo de la calle angosta…
De todo aprendí sin darme cuenta
y a todo volvería
un lunes por la tarde.
Un lunes de esos tontos
que no sé lo que hacer,
a la hora del pan con chocolate.

Desde ahora mi oficio es encontrarte.
Acabas de matarme con tu ausencia,
no haré otra cosa que buscarte siempre.
Los muertos no perdemos la paciencia.

Siempre por la tarde

¿Quién sabe qué lleva en la bolsa Mercedes?
Siempre por la tarde, por la tarde siempre.
Las piernas arqueadas, inflado su vientre,
vestida de negro, chepada su espalda.
A las cuatro y media, sale de su casa,
con una bolsita de tela en el hombro
y vuelve con ella doblada a las nueve.
Me intriga qué lleva en la bolsa Mercedes.
Ella no lo sabe, pero a mí me encanta,
desde mi ventana, quedarme mirando
cómo disminuye y, de pronto, se pierde
al doblar la esquina donde acaba el mundo,
donde nada existe, donde a nadie importa
la razón que obliga cada día a Mercedes
a salir tirando de sus pies cansados,
vestida de negro, haga sol, o truene.
«¿A dónde irá?», pienso, «tan mayor… ¿A dónde,
tan sola, tan triste, con su bolsa siempre?».
A nadie le ha dicho nunca, que yo sepa,
dónde va. Y a nadie, de dónde regresa.
Callada, gordita, chepada, pequeña,
vestida de luto. ¿A quién le interesa
qué secreto guarda en su bolsa de tela

una mujer triste, de mi barrio y vieja?
Pero a mí me intriga. Si supiera ella
que todas las tardes a las cuatro y media
voy a mi ventana, pues nada en la vida
me importa a esa hora tanto como verla
con su bolsa al hombro, vestida de luto,
callada, gordita, chepada, pequeña,
perderse en la esquina de mi calle inmensa
donde acaba el mundo, donde nada existe,
donde a nadie importa su bolsa vacía
ni su bolsa llena. Si supiera el mundo
que, a las nueve, dejo todo lo que tenga
por ver a lo lejos, desde mi ventana,
volver a Mercedes, haciéndose grande
por la calle larga, inflado su vientre,
con esa bolsita en su mano derecha,
doblada, vacía… y que me pregunto:
«Siempre por la tarde, por la tarde siempre,
¿qué llevará en ella?».

Para estallar en risas, fue preciso poner la zancadilla al indefenso.

No me des por perdida

Si te olvido algún día
y confundo tu nombre,
si mis dulces palabras
se vuelven en tu contra
y me ves hacer cosas
que nunca hubiera hecho,
si pongo mi mirada
donde ya no la alcanzas,
si pregunto lo mismo
después de contestarme,
si no te doy un beso
cómo tú necesitas,
como en otro momento
de mi vida lo hice...

Si convierto de pronto
en un barco pirata
la baranda de un parque,
si pierdo lo que tengo
de cabal y de madre,
no me des por perdida.
Solo he vuelto a la infancia
para robar la luna
que no pude robarte.

Quiero atreverme ahora
a cualquier disparate,
a tirarme en el suelo
como tú me pedías
cuando no me atrevía
por si miraba alguien.

No me des por perdida.
Solo he vuelto a mi infancia
en busca de aquel juego
que te escondí una tarde
para que no dejaras
de estudiar geografía,
porque al día siguiente
tenías un examen.

No me des por perdida.
Solo he vuelto a la infancia
para besar tu boca
llena de chocolate,
para vaciar contigo
el cofre de juguetes
que tanto me engorraba
y que cerré con llave.

No me des por perdida
si me encuentras un día
dibujando rayuelas
en medio de la calle.
Solo he vuelto a la infancia
para ver si jugamos
a confundir los nombres
y a convertir el parque
en un barco pirata,
como tú me pedías
hace ya mucho tiempo
cuando yo era más grande.

Este año he pedido
a los reyes de
Oriente una risa
en tus labios que
dure eternamente.

Tus gafas,
no me atrevo a tocarlas.
Las veo en tu mesilla
y siento que les faltas
detrás los cristales.

A solas conmigo

Hoy quiero sentarme
un rato conmigo,
decirme a la cara
lo que por prudencia,
lo que por pereza,
lo que por vergüenza,
por lástima a veces,
otras por olvido,
no me digo nunca
ni me gusta oírlo.

Hoy quiero escucharme,
dejar mi soberbia,
mi orgullo, mi alarde;
dejar mi arrogancia,
no verme el ombligo.
Hoy quiero contarme
con mucha paciencia,
con mucho cariño,
sin hacerme daño,
con delicadeza,
serena y humilde,
algo en el oído.

Hoy, que tengo un hueco,
voy a convocarme
para hablar conmigo.
Y voy a mirarme
a mis propios ojos
y voy a escucharme
y voy a enseñarme
a callarme un rato
mientras me lo explico.

Hoy voy a sacarme
todos los colores
que tengo en la cara
voy a ver si aprendo
de lo que he vivido.
Voy a criticarme
sin miedo a enterarme
de aquellos errores
que habré cometido.
Y voy a pedirme
perdón, porque
olvido que tengo
que callar lo tuyo
y hablar de lo mío.

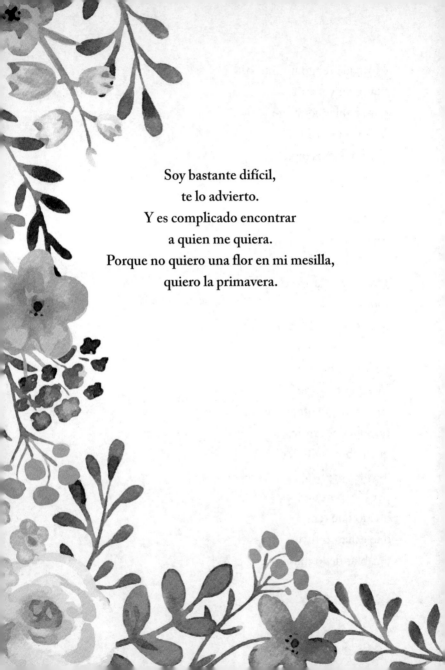

Soy bastante difícil,
te lo advierto.
Y es complicado encontrar
a quien me quiera.
Porque no quiero una flor en mi mesilla,
quiero la primavera.

Cuando vengas al mundo,
no consientas a nadie
que se duerma a tu lado
sin haberte querido.
No consientas a nadie,
cuando vengas al mundo,
que despierte a tu lado
si no soñó contigo.

Mi voz pequeña

Si tuviera el poder, mi voz pequeña,
de devolver tu vida a estos lugares;
si tuviera el poder, lo que yo escribo,
de acabar con el odio y con la rabia,
de convocar aquí a los asesinos
y hacerles que devuelvan tu mirada,
que traigan tu sonrisa como era,
que dejen tus latidos donde estaban.
Si tuviera el poder, mi voz pequeña,
de acabar de una vez con esta lacra;
si tuviera el poder, mi voz pequeña,
de vencer tu rencor con la palabra…

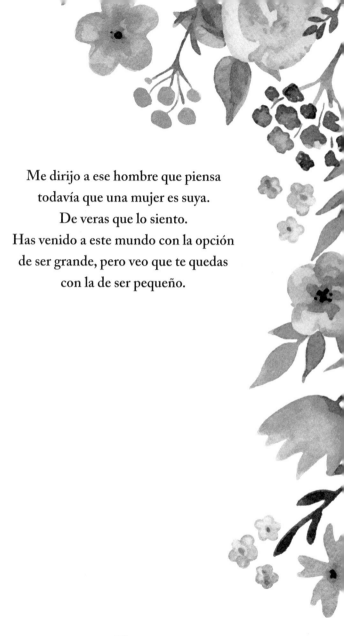

Me dirijo a ese hombre que piensa
todavía que una mujer es suya.
De veras que lo siento.
Has venido a este mundo con la opción
de ser grande, pero veo que te quedas
con la de ser pequeño.

(A mi gran amor, David)

Y cuando llegue el día,
me iré, serenamente,
sabiendo que dejamos
lleno de carcajadas
el mundo y sus esquinas.
Me iré, sin aspavientos,
feliz y agradecida,
porque me llevo todos
los besos de tu boca
y tú te quedas todos
los besos de la mía.

Comienza

Si has fracasado ya lo suficiente
como para rendirte ante tu briega,
si tienes la ilusión abandonada,
si has conocido bien cada problema,
si has recorrido todos los caminos
y has tropezado ya en todas sus piedras,
si no has ganado nunca una partida
o te han cerrado todas las fronteras,
si has inventado todas las preguntas
y no te han dado todas las respuestas,
si has perseguido luces y esperanzas
y has alcanzado angustias y tristezas,
si has perdido otro pulso con la vida,
si hasta soñar te cuesta,
si vas acarreando tus cenizas…
levántate y comienza.

Y vuelve a fracasar otra jornada,
y ríndete otra vez ante tu briega.
Atrévete a perder otra partida
y sigue averiguando tu problema.
Empieza tu camino cada día
y vuelve a tropezar en cada piedra.

Persigue, aunque te canses, la esperanza.
Aunque encuentres angustias y tristezas,
sigue perdiendo el pulso con la vida
y entierra tus cenizas donde quieras.
Pero que no me entere nunca, nunca,
que dejas de soñar bajo la tierra.

Si quieres
quererme,
quiéreme de
veras, de lunes
a lunes.
Si no, no me
quieras.

(A tantas mujeres asesinadas por violencia de género)

Tu voz se enreda con la tierra fértil
y crece como un árbol, hacia afuera,
junto a todas las voces de este mundo
que fueron sepultadas a la fuerza
y que ahora, en busca de la luz, florecen,
para desenterrar la primavera.

Donde quiera que vayas

Donde quiera que vayas
voy a estar a tu vera.
Los mares más oscuros
cruzaré en tu patera.

Tendré tus mismos miedos,
entraré por tu puerta
y comeré lo poco
que pongas en tu mesa.

Me dolerán tus hijos,
tan lejos de su patria,
huyendo de este mundo
tan suyo como mío.

Y tendré tantas ganas
como tú de justicia,
de volver a la casa
donde llora tu madre.

Andaré con las suelas
de tus zapatos rotos,
buscando qué camino
llega donde me quieran.

Mientras tú no lo tengas,
yo no tendré derecho
a asistir a un banquete
ni a lucir un zafiro.

El mundo es para todos,
a mí que no me engañen.

Y mientras tú no tengas,
yo no tendré bandera.
Seré de cualquier sitio
y buscaremos juntos
un lugar en el mundo
si quepo en tu patera.

El destino de Ulises

El viaje a Ítaca de un drogodependiente.
(Poemas creados para el Centro de Deshabituación Las Flotas)

Ahora tengo el aspecto que el agua quiso darme.
Soy suelo, soy arena finísima, miradme.
Soporto el sol y el peso de algunos caminantes.
Pero fui piedra dura, durísima, gigante
en medio de las olas, tuve el mundo a mis pies…
y ahora tengo dos lobos circundando mi sangre,
uno blanco y valiente, otro negro y cobarde.
¿Cuál crecerá en mi pecho? ¿A cuál doy de comer?

Que nadie te detenga, busca, escarba,
llega hasta la razón de tu miseria.
La libertad es tuya e infinita.
Que no te den la libertad a medias.
Átala a tus espaldas con candados
y busca las antípodas con ella.

Para llegar al reino del olvido,
para saber del mundo de lo ignoto,
para llegar a Ítaca, primero,
deberás probar la flor de loto.

Pastor de tu designio y de tu suerte,
atrapado en el cosmos de una canica azul;
criatura gigantesca que te caes a pedazos,
¿en qué te ha convertido la hechicera maldita,
preñadas sus entrañas de soledad infinita?
¿Qué isla está tan lejos que no puedas volver?

En una nave extraña regresarás un día,
cruzando un mar de lava mecido por sirenas.
No pares, rema…
Ellas son solo un espejismo,
prosigue tu camino como si no estuvieran. Rema…
Que no te arrastren al fondo del abismo.

De la isla de Elios partirás sin amigos.
Ellos han preferido saciar sus paladares
con las vacas sagradas, prohibidas y letales.
Míralos como se hunden hacia el fondo del mar.
Solo, de nuevo solo.

Te ocultará Calipso en su isla alejada,
y te ofrecerá, radiante, rendida, enamorada,
el tarro desbordado de la inmortalidad
a cambio de quedarte.
¿Para qué ser eterno sin rumbo y sin hogar?

Otra vez la tormenta.
Poseidón, vigilante, vengativo,
desata su furia al navegante.
Solo la diosa Ino podrá salvar del fondo
del mar a este marino,
que en un barco de piedra
navega hasta su hogar.

—Penélope, ¿hasta cuándo tú podrás esperarme?
—El tiempo que me lleve tejer este sudario.
Destejeré de noche y agotaré los siglos
que marca el calendario.

Pocos han regresado de la muerte.
Y ahora, ya de regreso de este largo periplo,
de este viaje tremendo por dentro de mí mismo,
mírame, ¿me conoces? No soy el que me fui.

Logré tensar el arco de la vida.
Soy yo, ¿no ves la cicatriz de mi mirada?
Este es mi hogar
y tú eres quien me espera.

Quiero una noche eterna para contarte
que me fui de mi vida por encontrarme.

Quiero una noche eterna para que sepas
que crucé mares negros, siglos de nieblas,
infinitos oscuros por mil galaxias…
Que he estado en las estrellas y tú no estabas.
Quiero una noche larga de luna llena
para decirte
que al fin tengo sentido, ya soy arena.

Ahora tengo el aspecto que el agua quiso darme.
Soy suelo, soy arena finísima, miradme…
Y ahora que soy arena,
voy buscando las plantas
de tus pies sin destino.
Arena necesaria
para hacerte un camino.
Quiero una noche eterna para contarte,
que hay gentes que amanecen
de un ocaso feroz…

Toda línea divide.

La cueva de Juana

A menudo me pregunto
qué habrá sido de mi amiga
Juana, la del arrabal,
la de los ojos de oliva,
la del pelo a trasquilones,
la que lleva calcetines
de fútbol con los tacones…

Normalmente la vida...

Normalmente la vida
se entiende cuando pasa,
cuando no queda mucha,
cuando ya no hace falta.
En tu lecho de muerte,
cuando el mundo se acaba,
cuando ya no hay remedio,
cuando el tiempo se escapa.

Y te acuerdas entonces
que la vida que dejas
era un poco de cada
persona de la Tierra.
Pero tú la viviste
contigo únicamente,
y robaste tu risa
a muchísima gente,
y escondiste tus manos
que agonizan tan solas,
y te vas con tus ojos
que esquivaron mi historia.

Normalmente la vida
se entiende cuando pasa.
Y te acuerdas entonces
de que no dejas nada,
de que te llevas todo
lo que pudiste darme:
tus palabras de aliento
y un abrazo gigante.
Te llevas tu chaqueta,
tu bufanda y tus guantes
y sientes tanto frío
en ese mismo instante…

Normalmente la vida
se entiende cuando pasa.

Oscuridad

Levántate de tu mañana oscura,
coge al sol sin piedad de la pechera,
átalo como un globo a tu ventana
para que no oscurezca.

Cánsate de reírte de la vida,
descansa de una vez de tu fracaso,
ponte en pie, que los años se te escapan,
que la vida es un rato…

Que no te engañe
nadie, vida mía,
que ser poeta no es
escribir poesía.

Me haces falta

Sacia mi sed si eres agua,
haz camino si eres tierra,
ama al barro si eres barro.
Vierte luz, que no me pierda,
si eres luna, por las noches,
cuando no encuentro mi senda.
No te olvides de peinarme,
si eres viento, la cabeza.
Mece al mundo si eres cielo.
Si eres lluvia, cae serena.

Y si nunca fueses agua,
y si nunca fueses tierra,
y si nunca fueras luna
para alumbrarme la senda,
y si fueses la montaña
de estiércol que hay en la era,
me haces falta,
mucha falta,
como la luna a la tierra
para abonar mis entrañas
si algún día se me secan.

Villancico a mis pobres del alma

De nuevo los retratos de todos los ausentes
nos guiñarán un ojo desde sus alcayatas.
Y los bolsos marrones de los carteros grises
se llenarán de cartas de amor de los lejanos.
Y ese frío bendito que se mete en los huesos,
y otra vez las campanas…
Y de nuevo las figuras de todos los belenes
saldrán de sus cajitas de galletas
para adornar el hueco del salón.
Y de nuevo las luces de los escaparates,
y el pulgar en saliva para las panderetas.
Y otra vez ese olor a manteca y a miel,
y la mesa colmada,
y la vida colmada.

Y otra vez los de siempre
sin retratos de ausentes,
sin cartas de lejanos.
Y ese frío maldito,
y otra vez las campanas…
Y otra vez sin belenes de barro
y sin salones,
sin luces,

sin saliva,
sin manteca…
los «nadies».

No me busquéis
en el nicho de un
triste cementerio.
Buscadme en la
raíz de la
amapola.

Supe que eras mi amor
porque fui libre
en el mismo momento
que llegaste.

(A Miguel Hernández)

¿Cómo será que no te he conocido
y me puede el dolor de que no hablemos,
de que tú y yo, Miguel, no nos sentemos
en la piedra más blanda de un camino
a pacer tu ganado frente a un vino,
a que tú me des clases de poesía,
a que yo te recite tu elegía
y lloremos los dos juntos un rato?
¿Sabes tú que dan ganas, muchas veces,
de arrancarse de cuajo el corazón
y meterlo debajo de un zapato?
¿Cómo será que no te he conocido,
y me dueles, poeta, tan callado,
con tanto que decir a este planeta
tan descorazonado?

EL EXAMEN

De niña tuve un profesor diferente a todos los profesores que haya tenido nunca, cambió algunas lecciones del libro de texto por lecciones de vida y, a mi parecer, no se equivocó. Un día nos hizo un examen por sorpresa, un examen de una sola pregunta, escueta, clara, fácil —aparentemente fácil—, pero que ninguno supimos contestar. Nos dijo que en septiembre volvería a repetir la misma pregunta y que no aprobaría el curso quien no la hubiera aprendido durante el verano. Aquella fue la pregunta más importante de mi vida, la que no he olvidado con los años, la que marcó mi infancia y mi norte. Aparentemente fácil, aparentemente absurda. Quería que le dijésemos el nombre de la señora que limpiaba el colegio. Así de absurda. Algunos no nos conformamos con aprender su nombre, la miramos a los ojos al pasar y nos intrigó su vida, cuántos hijos tendría, sus apellidos, de dónde era… Ella caminaba cabizbaja, como quien no tiene importancia, como quien ha asumido con los años que ha nacido para limpiar un colegio sin que nadie la mire a la cara, como si limpiar un colegio fuese cosa de poco. Tenía blanco el rostro. El cubo de la fregona, lo llevaba como pegado a la palma de la mano derecha y el palo del mocho a la palma izquierda. Llevaba un trapo blanco al hombro que resaltaba más aún el luto que guardaba por alguien. Era silenciosa como un gato. Me preguntaba si cantaría bajito cuando nadie la viera, si por las noches besaría a sus hijos como mi madre hacía conmigo, si hablaría con alguien y con qué voz. Todos los días la tuve presente hasta el día del examen y, después del examen, durante el siguiente curso hasta acabar la escuela y más tarde el instituto. Me llevé a aquella mujer a todas partes en la cabeza y ahora la tengo presente en noches como esta en que escribo. No se me ha olvidado nunca, porque aprendí su nombre que, según mi profesor, era tan importante para pasar de curso. Para aprobar la vida, he sabido después; para no fracasar en lo humano, en lo esencial. Me puedo equivocar en las ecuaciones de vez en cuando o pongo comas donde no van y me salto tildes, pero no se me ha olvidado la cara de aquella señora y sigo preguntándome si se habrá quitado el luto y por quién lo llevaría. Hay días en que me viene su nombre a la mente como a quien le cae una gota de lluvia en la frente de un cielo sin nubes. Entonces, una tormenta me revienta en los ojos. Serafina San Lázaro Tudela. Así se llamaba aquella señora. Como para olvidarlo, querido profesor, como para olvidarlo…

Tú mismo

Si me pongo el blanco,
dirán que estoy gorda.
Si me pongo el negro,
que cuánta tristeza.
Si el de flores rojas,
que tanta alegría
no es propia de alguien
que tiene una pena.

Si me pongo el verde:
—¡Mírala qué chula!
Si me pongo el largo:
—Parece extranjera.
Si me pongo el corto:
—¡Qué de pueblo, madre!
Si regreso tarde:
—Ya viene de fiesta.
Si me voy temprano:
—Pues sí que madruga.
Si me quedo en casa:
—¡Qué sosa que es esta!
Si me muero joven:
—No se cuidó mucho.

Y si no me muero:
—Mírala qué vieja…

Primero, tuve que vivir mucho
para poder escribir.
Y, ahora, tengo que escribir mucho
para poder vivir.

Paz

¿Qué tal si olvidamos aquel desencuentro?
¿Qué tal si me acerco para que me abraces
y en este ratito que dura la vida
bajamos las armas y hacemos las paces?

– ¿Dónde están
los imbéciles?
Yo solo veo
personas con
necesidad de
dialogar.

Tantas cartas de amor
no sirvieron para nada.
Ni una sola palabra
ha salido del sobre
para dormir conmigo.

Querido enemigo

Mi querido enemigo,
hoy desde mi trinchera,
en esta madrugada silenciosa
y antes de que amanezca,
te dejo por escrito unas palabras
que hace ya algunas noches me desvelan.
Te hago saber que, si tu bala un día
llega a mi corazón, no tengas pena.
Ya me adelanto a tu remordimiento.
No quiero que, después de que me mates,
vivas con el constante sufrimiento
de pensar que no pueda perdonarte.
No sirvo yo para, después de muerta,
dejar que tú te hundas en el cieno
por no haberte entregado por escrito
este perdón para que seas más bueno.
Descarga tu fusil en mi persona.
Tengo el pecho más grande que tu ira.
Que no te queden balas para nadie,
que sacies tu venganza con mi vida.
Que acabes tan cansado de matarme
que no te queden ganas de más guerra.
Yo te perdono anticipadamente

si me prometes que esta muerte mía
será la última muerte de la Tierra.

No quiero que pienses igual que yo, quiero que no me mates por no pensar como tú.

(A mi hijo, Jesús)

Si algún día, hijo mío,
la tentación te vence
y quieres ser poeta,
hazme caso,
olvídalo y espera.

No vayas a decir que sí
a este oficio tan serio
a la primera.

Olvídalo y sigue tu camino.
Pero, si persistiera,
si sigue persiguiéndote
dondequiera que vayas
esa idea…

Entonces,
hazme caso, hijo mío,
olvídalo de nuevo como sea.

Busca otro asunto que te guste, hijo,
y ten entretenida la cabeza.
Si al cabo, cuando menos te lo esperes,

un buen día, la tentación regresa;
si no te deja en paz
y, con el tiempo, ves tú que persevera,
dile que no otra vez.

Hazme caso, hijo mío,
de ninguna manera
digas que sí a un oficio que hace daño,
que ni dormir te deja.
A este oficio tan grave y tan sufrido.

Pero, si no lo aguantas, si te vence…
Entonces, bienvenido.

Prepara el corazón para que duela,
Haz un hogar en él donde te quepa
toda la humanidad, y sé poeta.

Origen

Soy de un lugar pequeño
donde perdí a mi padre.
Y de donde María
se acuesta sin un beso.

Soy de donde te he visto
remover las basuras.
Soy de donde tu hambre
ya no tiene remedio.

Soy de donde tu hijo
haya venido al mundo
y de donde se acaben
tus días venideros.

Soy de donde tus ojos
estén llorando ahora.
Soy de donde apalean
a un perro callejero.

Nazco todos los días
en un país lejano
donde vales lo mismo
que mis zapatos viejos.

Y me muero un poquito
también todos los días
donde te estén clavando
un puñal en el pecho.

Solo una lengua

Quiero tener solo una lengua, madre,
la lengua de tu teta dando leche,
para que se entienda en todo el mundo,
para saber comunicarme siempre.

Quiero tener solo una lengua, madre,
solamente una lengua, solo una,
la lengua de tus ojos, madre mía,
cuando se comunican con la luna.

Quiero tener solo una lengua, madre,
la de tu corazón cuando me espera,
para que se me entienda cuando hable
en todas las naciones de la Tierra.

Quiero hablar como el mar con las estrellas,
llenando el cosmos de sabiduría,
igual que el gorrión habla al romero,
como el tronco del pino habla a la ardilla.

Quiero comunicarme como el agua,
quitándole la sed a quien me lea.
Quiero que se me entienda, madre mía,
como a las mariposas cuando vuelan.

Quiero tener solo una lengua, madre,
la tuya cuando cantas una nana.
La misma del manzano en el otoño
cuando pare un puñado de manzanas.

Quiero hablar una lengua y solo una,
solo una lengua, una solamente,
la lengua de la orilla de la playa,
dando una conferencia en el poniente.

La lengua de quien no encuentra su sitio.
La que alimente el hueco de tu hambre.
La lengua que utilizan los delfines
para comunicarse.

Quiero hablar una lengua que haga esponta
allá donde un hermano tenga frío.
No me hace falta tu carnet de socio.
Tu corazón es del color del mío.

Quiero que se me entienda cuando hable.
Quiero llenar la sangre de tus venas,
de barcos de papel con un mensaje
en la lengua oficial de las ballenas.

ECOSISTEMA DIGITAL

NUESTRO PUNTO DE ENCUENTRO

www.edicionesurano.com

2 AMABOOK
Disfruta de tu rincón de lectura y accede a todas nuestras **novedades** en modo compra.
www.amabook.com

3 SUSCRIBOOKS
El límite lo pones tú, **lectura sin freno**, en modo suscripción.
www.suscribooks.com

DISFRUTA DE 1 MES DE LECTURA GRATIS

1 REDES SOCIALES:
Amplio abanico de redes para que **participes activamente**.

4 APPS Y DESCARGAS
Apps que te permitirán leer e **interactuar con otros lectores**.